Very Strange Animals
Animales muy extraños

By Sindy McKay

TREASURE BAY

Introduction
Very Strange Animals

We Both Read books are perfect to read with a buddy—or to read by yourself! If you are reading the book alone, you can read it like any other book. If you are reading with another person, you can take turns reading aloud. When taking turns, it's usually a good idea for the reader with more experience to read the more difficult parts, marked with a blue dot ●. The reader with less experience can read the parts marked with a red star ★.

Sharing the reading of a book can be a lot of fun, and reading aloud is a great way to improve fluency and expression. If you are reading with someone else, you might also want to take the time to talk about what you are reading and what else you know or would like to learn about some of these unusual animals! After reading with someone else, you might even want to experience reading the entire book on your own.

Introducción
Animales muy extraños

Los libros de We Both Read son perfectos para leer con un compañero—¡o de manera individual! Si decides leer este libro individualmente, lo puedes leer como cualquier otro libro. Si lo lees con otra persona, pueden tomar turnos leyendo en voz alta.

De tomar turnos, generalmente es buena idea que el lector con más experiencia lea las secciones más difíciles, marcadas con un punto azul 🔵. El lector con menos experiencia puede leer las secciones marcadas con una estrella roja ⭐.

Compartir la lectura de un libro puede ser muy divertido, y leer en voz alta es bueno para mejorar la fluidez y expresión. Si lees con otra persona, ¡tal vez puedan dedicar un rato para hablar de lo que leen y sobre otras cosas que saben o les gustaría aprender acerca de algunos de estos animales inusuales! Después de leer con otra persona, incluso podrías leerlo solo, a ver qué tal te va.

Very Strange Animals • *Animales muy extraños*

A We Both Read® Chapter Book
Level 3
Blue dot text — Guided Reading Level: S
Red star text — Guided Reading Level: Q

English Text Copyright © 2023 by Sindy McKay
Spanish text copyright © 2025 by Treasure Bay, Inc.
Use of photographs provided by iStock, Dreamstime, Shutterstock,
and DepositPhotos. Use of photo of pink fairy armadillo on
page 37 courtesy of Earth.com.

All rights reserved

We Both Read® is a trademark of Treasure Bay, Inc.

Published by
Treasure Bay, Inc.
PO Box 519
Roseville, CA 95661 USA

Printed in China

Library of Congress Control Number: 2024939966

ISBN: 978-1-60115-069-1

Visit us online at:
WeBothRead.com/Bilingual

PR-10-24-4.5

Table of Contents • *Tabla de contenido*

Chicken
Gallina

How many animal species would you guess there are in the world? One thousand? One hundred thousand? A million? The truth is no one really knows for sure. But scientists estimate between eight and nine million known species. And they believe there are many more yet to be discovered.

◆

Si tuvieras que adivinar, ¿cuántas especies de animales dirías que hay en el mundo? ¿Mil? ¿Cien mil? ¿Un millón? La verdad es que nadie lo sabe con certeza. Pero los científicos estiman que hay entre ocho y nueve millones de especies conocidas. Y creen que hay muchas más que aún no se han descubierto.

Yellow shaggy frogfish
Pez sapo peludo

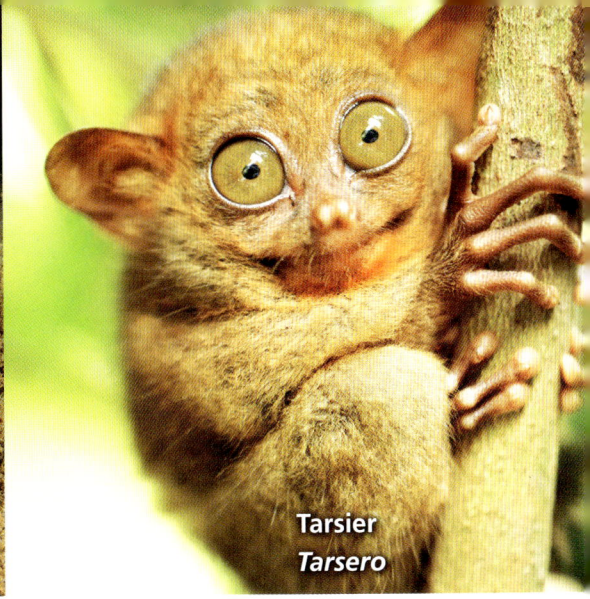

Tarsier
Tarsero

★ You will probably see some animals in this book that you have never seen before. Some are very odd looking, like the yellow frogfish. Some are cute, like the tarsier (TAR-see-er). And some, like the lamprey (LAM-pree), may seem so alien, it's hard to believe they exist here on Earth!

———————————— ◆ ————————————

Es probable que veas en este libro algunos animales que nunca habías visto. Algunos tienen un aspecto muy raro, como el pez sapo amarillo. Algunos son lindos, como el tarsero. Y algunos, como la lamprea, ¡parecen tan alienígenos que resulta difícil creer que existan aquí en la Tierra!

Lamprey
Lamprea

● Some species of animal – like modern humans - are relatively new. Some are positively prehistoric!

Take, for example, the cassowary (CASS-e-ware-ee), a colorful bird found only in Australia, Indonesia (In-doe-NEE-ja), and the island of New Guinea (GIN-ee). Like all birds, cassowaries are modern dinosaurs.

Cassowaries have claws similar to those of a velociraptor (vel-AH-se-raptore) dinosaur. Their inner claw is particularly lethal and can cut like a five-inch dagger when the bird leaps up high to slash down on its opponent.

———————— ◆ ————————

Algunas especies de animales, tal y como los humanos modernos, son relativamente nuevas. ¡Sin duda, otras son prehistóricas! Tomemos el ejemplo del casuario, un ave colorida que solo se encuentra en Australia, Indonesia y en la isla de Nueva Guinea. Al igual que todas las aves, los casuarios son dinosaurios modernos. Los casuarios tienen talones semejantes a los del dinosaurio velociraptor. Su garra interior es particularmente letal y puede cortar como si fuera una daga de cinco pulgadas cuando el ave salta al aire para acuchillar a su oponente.

Cassowary
Casuario

Shoebill stork
Cigüeña picozapato

★ The shoebill stork is another modern-day dinosaur. More closely related to pelicans than storks, these huge birds can grow to be as tall as a person and may have an eight-foot wingspan. Despite their size, however, these birds are still able to fly. They are top predators in the swamps of eastern Africa, where they live. Their powerful beaks allow them to sometimes even snack on small crocodiles!

——————— ◆ ———————

La cigüeña picozapato es otro dinosaurio moderno. Más pariente del pelícano que de la cigüeña, estas aves enormes pueden llegar a ser tan altas como una persona y tener una envergadura de ocho pies (2.4 metros). Sin embargo, a pesar de su tamaño, estas aves pueden volar. Son los principales depredadores en los pantanos de África oriental, donde viven. ¡Sus poderosos picos les permite comerse hasta pequeños cocodrilos!

Komodo dragon
Dragón de Komodo

The Komodo dragon has roamed Earth for over four million years. It can be up to 10 feet long and some weigh as much as 300 pounds. Found only on a few lightly populated Indonesian islands, they are top predators who feast on everything from small rodents to large water buffalo. Their jaws can unhinge to open wide, allowing them to swallow huge chunks of meat, and their stomach can expand to allow them to eat up to 80% of their own body weight in one meal. When they feel threatened, they can throw up the entire contents of their stomach to lessen their weight and allow them to run faster.

Komodo dragons are kind of scary but they sure are cool!

———————————— ◆ ————————————

El dragón de Komodo ha andado por la Tierra desde hace más de cuatro millones de años. Puede llegar a medir 10 pies (3 metros) de largo y algunos pesan hasta 300 libras (136 kg). Solo se encuentran en unas islas poco pobladas de Indonesia y son depredadores que devoran de todo, desde pequeños roedores hasta grandes búfalos de agua. Sus mandíbulas pueden desencajarse para abrirse ampliamente, lo que les permite tragar trozos enormes de carne, y sus estómagos pueden expandirse para dar cabida hasta a un 80% de su peso corporal en una sola comida. Cuando se sienten amenazados, pueden vomitar el contenido completo de sus estómagos para reducir su peso, lo que les permite correr más rápido.

Los dragones de Komodo dan un poco de miedo, pero sin duda son geniales.

6

Gharial
Gavial

★ The Gharial (GARE-ee-el) is another dinosaur-like creature. It has been around for tens of millions of years.

Related to alligators and crocodiles, gharials have over 110 teeth in their long, slender snout. However, they are not aggressive and would much rather eat fish than take a bite out of you.

———————◆———————

El gavial es otra criatura que parece dinosaurio. Ha existido desde hace decenas de millones de años. Pariente del caimán y el cocodrilo, el gavial cuenta con más de 110 dientes dentro de su hocico largo y delgado. Sin embargo, no son agresivos y preferirían mil veces comer peces y no morderte a ti.

Babirusa
Babirusa

Five-thousand-year-old cave paintings have been found of this odd creature called a babirusa (buh-buh-ROO-sa). The male of this species has four long tusks. Two of them break through the skin of their snout and curve up and back toward their eyes. These curved tusks may grow long enough to poke through their skull.

———————◆———————

Se han encontrado pinturas rupestres de cinco mil años de antigüedad de esta criatura extraña llamada babirusa. El macho de esta especie tiene cuatro colmillos. Dos de ellos perforan la piel del hocico y se curvan hacia arriba y atrás, cerca de los ojos. Estos colmillos curvados pueden crecer lo suficiente para perforarles el cráneo.

Eye
Ojo

Tentacles
Tentáculos

Chambered nautilus
Nautilo perlado

Lamprey
Lamprea

Tens of millions of years is no time at all for the strange-looking lamprey (LAM-pree). Lampreys have been around for almost 300 million years. A jawless fish with a mouth full of little teeth, lampreys attach themselves to fish and suck out their blood.

Even older than lampreys are chambered nautilus (NOT-uh-lis). These alien-looking animals have been around at least 500 million years. They use their sense of smell to find and capture prey in their tentacles. They may not look like they can move very easily, but the nautilus can shoot through the water using jet propulsion.

◆

Decenas de millones de años son un instante para el animal de aspecto raro llamado lamprea. Las lampreas han existido desde hace casi 300 millones de años. Un pez sin mandíbula y con la boca llena de pequeños dientes, las lampreas se pegan a los peces y les chupa la sangre.

Una criatura más antigua que la lamprea es el nautilo perlado. Estos animales de aspecto alienígeno existen desde hace al menos 500 millones de años. Utilizan su sentido del olfato para encontrar y capturar su presa en sus tentáculos. Aunque no parezca que se moverían fácilmente, los nautilos usan propulsión a chorro para lanzarse por las aguas.

● Many of the strangest animals on Earth live in the ocean. The boxfish is the only known creature that is shaped like a square (although wombats do have square poop!)

Instead of bones, this fish has a hard, square-shaped shell, called a carapace (CARE-uh-pace), that helps protect it from predators.

The red lipped batfish not only has an interesting looking mouth but also an interesting way of moving. This fish is not a great swimmer, so it uses its pectoral fins to "walk" on the bottom of the ocean.

———————◆———————

Muchos de los animales más extraños de la Tierra viven en el océano. El pez cofre es la única criatura conocida que tiene forma de un cuadrado (¡aunque es cierto que los wómbats hacen popó cuadrado!).

En lugar de huesos, este pez tiene un caparazón duro y cuadrado que ayuda a protegerlo de sus depredadores.

El pez murciélago de labios rojos no solo tiene una boca de aspecto interesante sino también una manera interesante de moverse. Este pez no nada muy bien, así que utiliza sus aletas pectorales para "caminar" en el suelo marino.

Boxfish
Pez cofre

Red-lipped batfish
Pez murciélago de labios rojos

Pectoral fins
Aletas pectorales

Frogfish
Pez sapo

Frogfish are another type of fish that can be found "walking" on the ocean floor. There are over 50 species of frogfish and not one of them is related to frogs.

They do, however, all have fins that look a bit like legs that they use to get them where they need to go.

———————◆———————

Los peces rana son otro tipo de pez que se puede encontrar "caminando" en el suelo marino. Existen más de 50 especies de peces sapo y ninguna tiene parentesco con los sapos.

Lo que sí tienen todas son aletas que casi parecen piernas que usan para llegar adonde necesitan ir.

Frogfish
Pez sapo

Blue dragon sea slug
Dragón azul

Sea slug
Babosas marinas

There are over 2,000 species of sea slugs found in both the shallow and the deep water of the ocean. Sea slugs are known for their beautiful bright colors and unique patterns.

The tiny blue dragon sea slug is barely an inch long and floats along on the ocean's surface in temperate and tropical waters around the world. They feed on large, venomous prey, then store that creature's stinging cells in their own bodies for later use against predators. This stored venom remains active even after they die, so humans who find and pick them up still feel their painful sting.

◆

Hay más de 2,000 especies de babosas marinas, tanto en aguas superficiales como profundas. Las babosas marinas son conocidas por su hermoso y brillante colorido y sus patrones únicos.

El dragón azul, una babosa marina que apenas mide una pulgada (2.5 cm), flota en las aguas superficiales de los climas templados y tropicales del mundo. Se alimentan de presas grandes y venenosas, almacenando las células del veneno en sus propios cuerpos para usarlo después contra sus depredadores. Este veneno almacenado sigue activo incluso después de morir, por lo que los humanos que los encuentren y los recojan con las manos podrán sentir su doloroso piquete.

Sea slugs • *Babosas marinas*

Wobbegong shark
Tiburón alfombra manchado

Believe it or not, the pictures on this page are a type of shark called a wobbegong (WAA-buh-gong) shark. These sharks have been around for over 11 million years and are sometimes called carpet sharks. Can you guess why?

◆

Aunque no lo creas, las fotos de esta página son de un tipo de tiburón llamado tiburón alfombra manchado. Estos tiburones han existido desde hace más de 11 millones de años. ¿Se te ocurre por qué se llaman así?

Wobbegong shark
Tiburón alfombra manchado

13

● Duck-billed **platypus** (PLAT-a-puss). Scorpion fly. Elephant shrew. These may sound like animals made up in someone's imagination, but they are all very real. Their names can be confusing though.

A platypus has a bill like a duck, but it's not a duck.

A scorpion fly can't sting.

And an elephant shrew is much smaller than an elephant!

Still, when you look at these pictures, you can understand how they may have been given their names.

◆

Ornitorrinco. *Escorpión volador. Musaraña elefante. Estos animales parecieran ser producto de la imaginación de alguien, pero todos son reales. Aunque sus nombres pueden ser algo confusos.*

El ornitorrinco tiene un pico que se parece al de un pato, pero no es pato.

El escorpión volador no puede picar.

¡Y la musaraña elefante es mucho más pequeña que un elefante!

Scorpion fly
Escorpión volador

Short-eared elephant shrew
Musaraña elefante de orejas cortas

Duck-billed platypus
Ornitorrinco

⭐ So, what is a duck-billed **platypus** if it's not a duck? They are an ancient type of mammal called monotremes (MAH-no-treems). Found only in Australia, they were only just discovered about 200 years ago.

With webbed feet, a duck-like bill, a tail like a beaver, and a body like an otter, many people thought someone had just made up this animal using parts of other animals.

——————◆——————

*Entonces, si los **ornitorrincos** no son patos, ¿qué son? Son un tipo de mamífero antiguo llamado monotremas. Solo se encuentran en Australia y se descubrieron hace apenas unos 200 años.*

Con patas palmeadas, un pico como pato, una cola como castor y un cuerpo como nutria, muchas personas pensaban que alguien simplemente había inventado este animal con partes de otros animales.

Scorpion fly
Escorpión volador

A scorpion fly may appear scary, but its scorpion-like tail is just for looks. This insect is in no way related to scorpions. It cannot sting or inject venom and is completely harmless to humans. A main staple of its diet is eating other dead insects that it often steals from spider webs.

———————◆———————

Aunque el escorpión volador tiene un aspecto aterrador, su cola de escorpión es solo un adorno. Este insecto no tiene ningún parentesco con los escorpiones. No puede picar ni inyectar veneno y no presenta ninguna amenaza a los humanos. Uno de los alimentos básicos de su dieta son insectos muertos que a menudo se roba de las telarañas.

Scorpion
Escorpión

Elephant shrew
Musaraña elefante

★   Believe it or not, the elephant shrew is related to elephants!
Well, maybe. . . . Elephants are in the Afrotherian (af-ro-THEE-ree-en) group of mammals. DNA studies place these little guys in that group as well. There are many species of elephant shrew. The one shown here with the trunk-like nose is the Somali elephant shrew.

———————◆———————

Lo creas o no, ¡la musaraña elefante sí es pariente del elefante! Bueno, tal vez. . . . Los elefantes pertenecen al grupo de mamíferos llamados afroterios. De acuerdo a los estudios de ADN, estas pequeñas criaturas también pertenecen a ese grupo. Existen muchas especies de musarañas elefante. La que se muestra aquí con una nariz que parece trompa es la musaraña elefante somalí.

Elephant
Elefante

● Survival in the animal world means adapting to your environment, so many animals have evolved to be able to hide in plain sight. The next time you're in a forest, look closer at the trees, leaves, and flowers. You may be surprised to discover that some of what you're looking at is not part of a plant after all.

A closer look at this tree reveals a leaf-tailed gecko (GE-koe), camouflaged as bark. And that strange appendage that looks like a leaf is actually its tail.

———————————— ◆ ————————————

Sobrevivir en el mundo de los animales significa adaptarse al ambiente, por lo que muchos animales han evolucionado para poder esconderse a simple vista. La próxima vez que estés en un bosque, observa más de cerca los árboles, las hojas y las flores. Te podrías sorprender al descubrir que parte de lo que observas no forma parte de la planta.

Al observar este árbol más de cerca, se puede ver que hay un gecko cola de hoja que se camufla como corteza. Y ese apéndice extraño que parece una hoja es, en realidad, su cola.

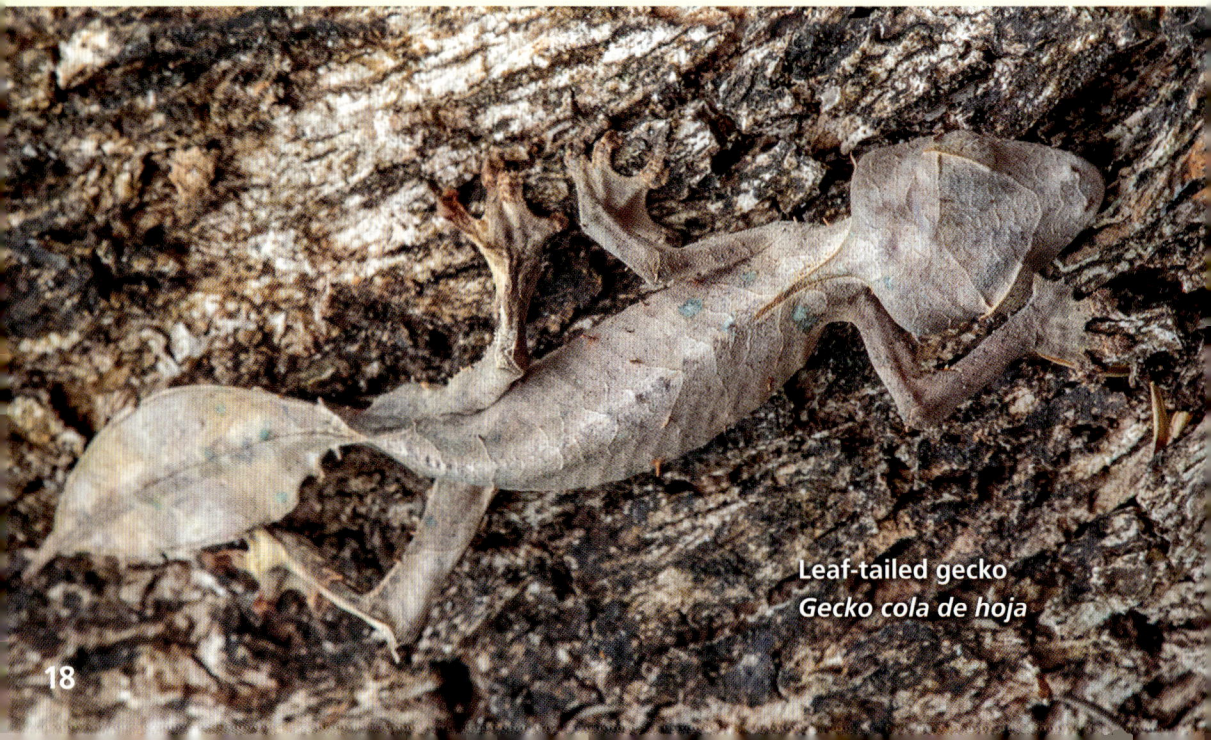

Leaf-tailed gecko
Gecko cola de hoja

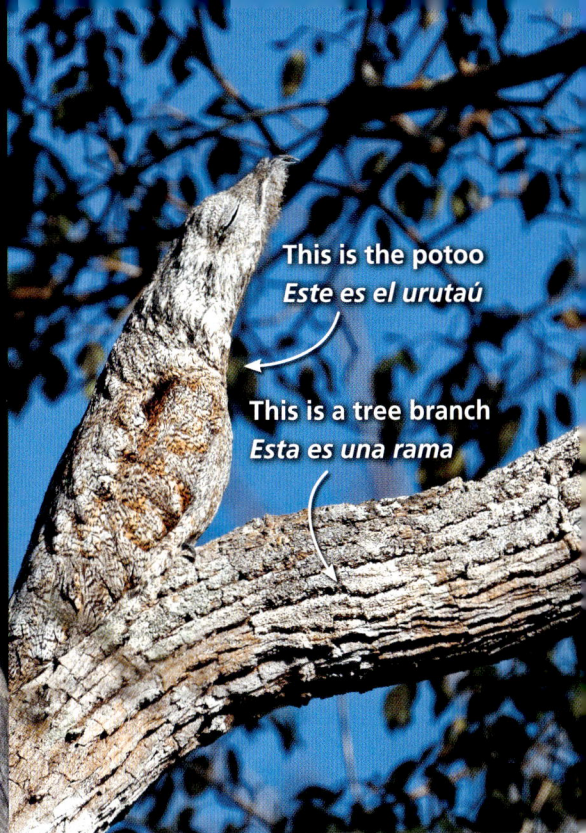

This is the potoo
Este es el urutaú

This is a tree branch
Esta es una rama

Potoo
Urutaú

★ If you are too big to be a leaf on the tree, maybe you can just imitate an entire branch. The long tailed potoo (poe-TOO) is a bird that does just that. It's hard to tell which part of the tree is bird and which part is wood! During the day, the bird's camouflage helps keep it hidden from monkeys and large birds, such as falcons, that prey on it. At night, their large eyes and wide mouth help them capture beetles, moths, termites, and more.

———————◆———————

Si eres muy grande como para ser la hoja de un árbol, quizás puedas imitar la rama entera. Así hace el urutaú coludo. ¡Es difícil distinguir qué parte del árbol es pájaro y qué parte es madera! Durante el día, el camuflaje de esta ave le ayuda a esconderse de los monos y aves más grandes que la asechan, como los halcones. En la noche, sus ojos grandes y boca ancha le ayudan a atrapar escarabajos, polillas, termitas y más.

Flower mantis
Mantis orquídea

Crab spider • *Araña cangrejo*

While some animals use camouflage to keep predators away, some use it to lure prey to them. The flower mantis will **disguise** itself as part of the flower it sits on. It stays very still until its prey arrives then quickly snatches it up.

The crab spider can blend in perfectly with a goldenrod flower. Scientists, however, disagree on the purpose of its camouflage. Is it to lure prey to the flower? Or is it to hide from predators? Or could it be for some other reason not yet known? Scientists will keep searching for the answer!

◆

*Mientras que algunos animales utilizan el camuflaje para protegerse de sus depredadores, otros lo usan para atraer a su presa. La mantis orquídea **se disfraza** como si fuera parte de la flor en la que se sienta. Se queda muy quieta, y cuando llega su presa, se mueve muy rápido para atraparla.*

La araña cangrejo se camufla perfectamente con la flor de la vara de oro. Sin embargo, los científicos están en desacuerdo sobre el propósito de su camuflaje. ¿Sirve para atraer la presa hacia la flor? ¿Será para esconderse de los depredadores? ¿O podría haber otra razón que aún no se entiende? ¡Los científicos seguirán buscando la respuesta!

★ The black heron uses a different and unusual kind of **disguise** to attract prey. It folds its wings to create a tent-like umbrella over the water. Fish below are attracted to the cool shade it provides and the black heron quickly gobbles them up.

———————— ◆ ————————

*La garceta negra utiliza otro tipo de **disfraz** diferente e inusual para atraer su presa. Dobla las alas creando una especie de carpa o sombrilla sobre el agua. El agua fresca bajo la sombra atrae a los peces y la garceta negra los devora enseguida.*

Black heron
Garceta negra

Leafy sea dragon
Dragón de mar foliado

The leafy sea dragon, a relative of the sea horse, is another undersea master of disguise. Can you tell where the seaweed stops and the animal begins? This disguise helps them to easily capture prey, such as shrimp and small fish.

Mediterranean octopuses are good at using camouflage to both avoid predators and lure prey. They can change not only the color of their skin but also the texture! It will change from smooth to bumpy and vary in color to closely match the sea floor.

◆

El dragón de mar foliado, pariente del caballito del mar, es otro maestro del disfraz submarino. ¿Logras distinguir dónde terminan las algas y empieza el animal? Este disfraz le ayuda a capturar presas como camarones y pequeños peces.

Los pulpos mediterráneos saben camuflarse para evitar depredadores y para atraer presa. Pueden cambiar no solo el color de su piel ¡sino también la textura! Cambia entre liso y rugoso y su color varía para coincidir con el color del suelo marino.

Octopus
Pulpo

Octopus with purple camouflage
Un pulpo camuflado de morado.

Stonefish
Pez piedra

Then there is the stonefish. This is possibly the most dangerous fish in the ocean. The venom in the spines of their back fin can kill an adult human in less than an hour. Even tiger sharks know better than to mess with them!

Stonefish do not use venom to kill their prey. Instead, they use camouflage to patiently wait for a fish to get close then they quickly attack. They swallow their catch whole in less than a second!

———————— ◆ ————————

Luego está el pez piedra. Podría ser el pez más peligroso del océano. El veneno que contienen las espinas de su aleta dorsal puede matar a un humano adulto en menos de una hora. ¡Ni los tiburones tigre se atreven a molestarlo!

Los peces piedra no utilizan el veneno para matar a su presa. En cambio, se camuflan y esperan con paciencia hasta que se acerque algún pez, y luego lo devoran rápidamente. ¡Tragan entera a su presa en menos de un segundo!

Mantis shrimp
Camarón mantis

As animals evolved over millions of years, their sight, hearing, and sense of smell adapted to the environment in which they live. Some of these adaptations created some very strange and beautiful creatures.

When it comes to amazing sight, the mantis shrimp is at the top. Their stalk eyes can move and see independently, and they see a much fuller range of the color spectrum than humans can.

Mantis shrimp species have club-like claws that can strike out with the speed of a bullet. The claws are used to smash the hard shells of snails and mollusks (MAW-lusks).

———————◆———————

A lo largo de millones de años de evolución, la vista, audición y olfato de los animales se adaptaron a los ambientes en donde viven. Algunas de estas adaptaciones condujeron a la existencia de criaturas muy bellas y extrañas. Cuando se trata de una visión aguda, el camarón mantis les gana a todos. Tiene ojos pedunculados que pueden ver y moverse de forma independiente, y ve un espectro de colores mucho más amplio que el que vemos los humanos.

Las especies del camarón mantis tienen garras trituradoras que golpean a la velocidad del rayo. Utilizan las garras para destrozar las conchas de caracoles y moluscos.

★ Galagos (GAL-a-gos) are adorable primates native to Africa. These little creatures hunt at night. Their big eyes help them see in low light and their big ears can turn independently to help them hear everything around them. Commonly known as bush babies, their cry sounds much like a human baby. It can be scary if you don't know what it is!

———————◆———————

El gálago es un adorable primate originario de África. Estas pequeñas criaturas cazan en la noche. Sus ojos grandes les ayudan a ver con poca luz y sus grandes orejas pueden girar de forma independiente, lo que les ayuda a oír todo en su alrededor. En inglés, se conocen como "bush babies" (bebés de monte) porque su llanto se parece mucho al de los bebés humanos. Si no sabes lo que es, ¡puede ser escalofriante!

Galago
Gálago

Natterer's bat
Murciélago ratonero gris

Leaf-nosed bat
Murciélago con hoja nasal

Speaking of eyes and ears…

There is a common misconception that bats have exceptional hearing but poor eyesight. In truth, they see quite well. However, it is their hearing that is truly awesome and puts human hearing to shame.

There are many different types of bat species. The species with the largest ear-to-body ratio may be the tiny leaf-nosed bat. They are only about five inches long and their ears are about one whole inch of that. Their remarkable ears can hear sounds as slight as the fluttering of an insect's wings.

———————◆———————

Hablando de ojos y orejas…

Existe la creencia errónea de que los murciélagos tienen una audición extraordinaria y mala visión. La verdad es que tienen una visión bastante buena. No obstante, su capacidad auditiva es realmente asombrosa y avergüenza al oído humano.

Hay muchas especies diferentes de murciélagos. La que tal vez cuente con la mayor proporción oreja-cuerpo es el diminuto murciélago con hoja nasal. Gracias a sus increíbles orejas, pueden detectar sonidos tan sutiles como el aleteo de un insecto. .

Saiga
Saiga

Softshell turtle
Tortuga de caparazón blando

⭐ Animals with the best sense of smell include bears, dogs, sharks, and the all-time best smeller, the elephant.

The animals presented are not super-smellers, but they do have interesting noses! Saiga (SIE-guh) antelope, for example, have large noses that hang down over their mouths. It is thought that this design is to help filter out dust in the summer and warm up cold air inhaled in the winter.

There are several species of softshell turtle, and they all have long snouts—or noses—with nostrils at the tips. They are often found buried in mud, sand, and shallow water, and use their snouts like snorkels to break the surface and breathe.

———————◆———————

Entre los animales con el mejor sentido del olfato se incluyen los osos, los perros y los tiburones, pero el ganador es el elefante. Los animales que presentamos aquí no tienen un sentido del olfato extraordinario, ¡pero tienen narices interesantes! Los saigas, por ejemplo, tienen una nariz grande que cuelga en frente de su boca. Se cree que esta característica ayuda no solo a filtrar el polvo en el verano sino también a calentar el aire frío que inhalan en el invierno.

Hay varias especies de tortugas de caparazón blando, y todos tienen hocicos —o narices— con fosas nasales en la punta. Pasan mucho tiempo sumergidas en lodo, arena y agua poco profunda, y usan sus hocicos como tubo respirador, sacándola a la superficie para respirar.

Star-nosed mole
Topo de nariz estrellada

● The star-nosed mole may look like a creature from outer space, but it lives right here on Earth. Its odd-looking nose is more sensitive to touch than any other animal on the planet. With eyes that are basically useless, the star-nosed mole uses its sensitive nose to feel and smell its way around dark tunnels to find prey. An excellent swimmer, it also uses that remarkable nose to sniff out prey underwater—one of the very few mammals able to smell in water.

———————— ◆ ————————

El topo de nariz estrellada casi parece ser extraterrestre, pero vive aquí mismo en la Tierra. Su nariz inusual es más sensible al tacto que cualquier otro animal del planeta. Los ojos del topo de nariz estrellada son prácticamente inútiles, pero utiliza su sensible nariz para tantear y olfatear los túneles oscuros en busca de su presa. Es un excelente nadador y también usa esa extraordinaria nariz para rastrear su presa bajo el agua—es uno de los pocos mamíferos capaces de oler bajo el agua.

Proboscis monkey
Mono narigudo

Golden snub-nosed monkey
Langur chato dorado

Golden snub-nosed monkeys have hardly any nose at all. But it does not seem to affect their sense of smell. These monkeys sometimes hide their heads between their knees when it rains to keep the water from going up their noses.

We move from almost no nose to a nose you can't miss. This is the proboscis (proe-BOSS-kiss) monkey. Scientists are not sure about the purpose of this nose. But they have noted that the males with the largest noses seem to get the most girlfriends.

———————◆———————

El langur chato dorado casi no tiene nariz. Pero esto no parece afectar su sentido de olfato. En ocasiones, estos monos esconden la cabeza entre las rodillas cuando llueve para evitar que el agua les entre por la nariz.

Ahora pasamos de un animal que casi no tiene nariz a uno que tiene una nariz muy notoria. Se trata del mono narigudo. Los científicos no saben con certeza cuál es el propósito de esta nariz. Pero han notado que los machos con la nariz más grande suelen conseguir más novias.

Pygmy chameleon
Camaleón pigmeo

Saltwater crocodile
Cocodrilo de agua salada

- Animals are often broken into six main groups: insects, mammals, birds, amphibians, reptiles, and fish. The diversity in size within each of these groups is enormous!

  The largest known reptile is the saltwater crocodile. Some have weighed over 2,000 pounds! They have about 66 teeth and perhaps the greatest bite pressure of any animal on Earth.

  At the other end of the reptile family is one of the smallest—the adorable pygmy chameleon. They are known to be friendly and don't seem to mind being handled. This makes them popular as pets.

◆

Los animales generalmente se dividen en seis grupos principales: insectos, mamíferos, aves, anfibios, reptiles y peces. ¡Hay una gran diversidad de tamaño dentro de cada uno de estos grupos!

El reptil más grande que se conoce es el cocodrilo de agua salada. ¡Algunos han llegado a pesar más de 2,000 libras (907 kg)! Cuentan con aproximadamente 66 dientes y quizás la mayor presión de mordida de cualquier animal en la Tierra.

Al otro extremo de la familia de reptiles está uno de los más pequeños: el adorable camaleón pigmeo. Se les consideran animales amistosos y al parecer, no les molesta que los toquen. Esto hace que sean populares como mascotas.

Giant weta
Weta gigante

★ The giant weta (WET-uh) is often considered to be the largest insect. They can weigh almost three ounces—that's about as much as three double-A batteries.

The world's smallest insects appear to be various species of the fairyfly wasp. Fairyfly wasps can be found all over the world but are rarely photographed because they are so tiny—about the width of an eyelash.

———————◆———————

El weta gigante suele ser considerado el más grande de los insectos. Pueden pesar casi tres onzas (85 g), lo que equivale a aproximadamente tres pilas doble A.

Los insectos más pequeños del mundo parecen ser varias especies de avispa de hadas. Las avispas de hadas se encuentran en todas partes del mundo, pero por su diminuto tamaño, rara vez se fotografían—tienen la anchura de una pestaña.

Giant salamander
Salamandra gigante

New Guinea frog
Rana de Nueva Guinea

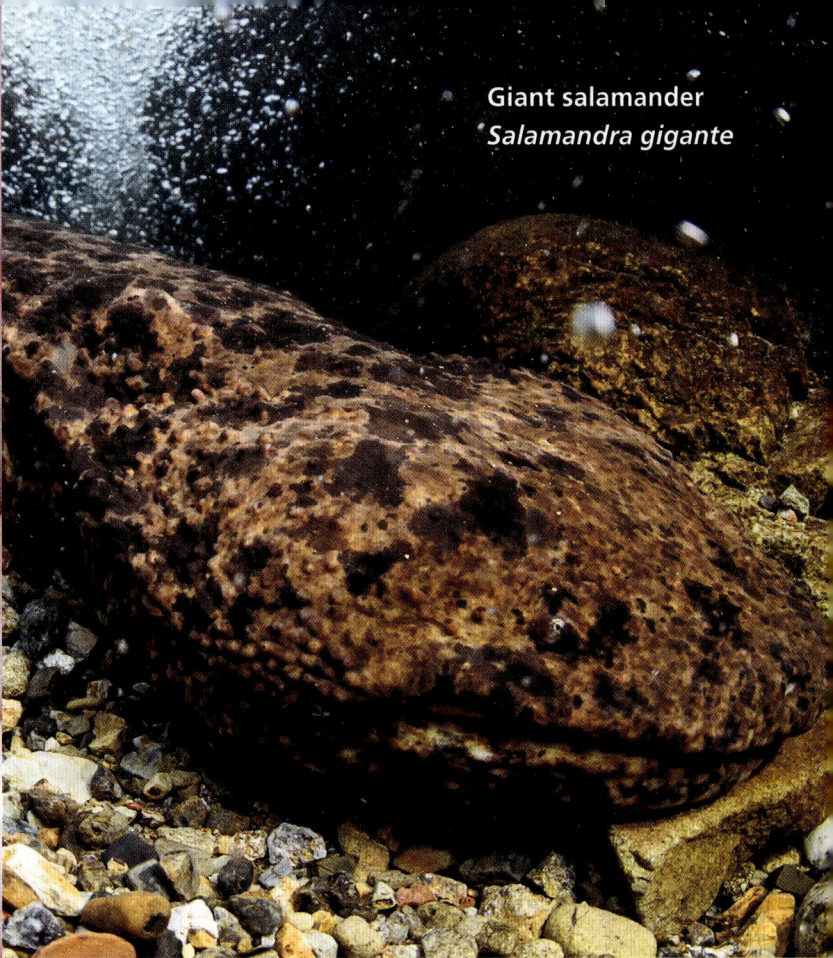

Most scientists agree that the largest amphibian is the Chinese giant salamander. It can weigh up to 110 pounds and be up to six feet long. Extremely rare, they can be found in cold mountain streams in Asia.

At the other end of the amphibian size scale is the New Guinea frog. It is currently considered by many to be the smallest amphibian, but that could change as new discoveries are being made every day.

❖

La mayoría de los científicos concuerdan que el anfibio más grande es la salamandra gigante china. Puede pesar hasta 110 libras (50 kg) y medir hasta seis pies (1.8 m) de largo. Son animales extremadamente escasos que se encuentran en arroyos fríos de montaña en Asia.

En el otro extremo de la escala de tamaño de los anfibios está la rana de Nueva Guinea. Hoy muchos consideran que es el anfibio más pequeño, pero esto podría cambiar ya que cada día se hacen nuevos descubrimientos.

Jerboa
Jerbo

Blue whale
Ballena azul

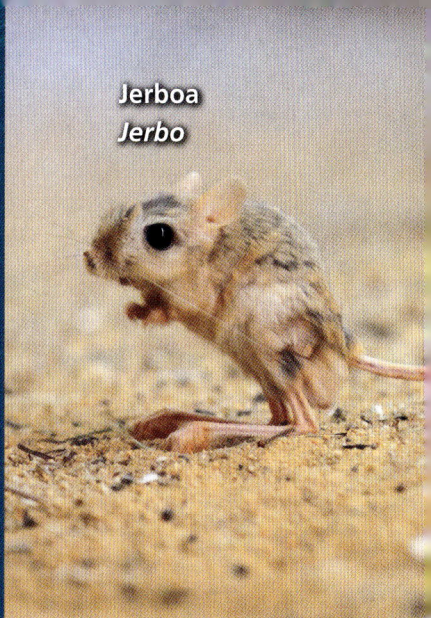

★ The largest mammal on land is the African elephant but they can't compete with the largest ocean mammal—the magnificent blue whale. On average, it would take about 30 elephants to equal the weight of one blue whale. Most scientists believe they are the largest animals ever to exist—even bigger than dinosaurs!

There are many tiny mammals in the world, including many species of jerboa (jer-BOE-a). The smallest species is the pygmy jerboa. Their bodies are two to three inches long and their tails are about the same length as their bodies.

◆

El mamífero terrestre más grande es el elefante africano, pero no puede competir con el mamífero marino más grande: la magnífica ballena azul. En promedio, se tomarían 30 elefantes para igualar el peso de una ballena azul. La mayoría de los científicos creen que estos animales son los más grandes que hayan existido, ¡incluso más grandes que los dinosaurios!

Hay muchos mamíferos diminutos, entre los que se incluyen varias especies de jerbo. La especie más pequeña es el jerbo pigmeo. Sus cuerpos miden de dos a tres pulgadas (cinco a siete cm) de largo y sus colas miden más o menos lo mismo.

Whale shark
Tiburón ballena

There are many types of big fish, but none are bigger than the whale shark. It can weigh well over 21 tons and be over 41 feet long. These big guys live in tropical waters and feed on tiny crustaceans (kruh-STAY-shens) like krill and crab larvae (LAAR-vuh).

Among the smallest fish in the world are various species of goby (GO-bee). The one shown here is a pink-eyed goby, for obvious reasons. Most goby fish species are less than an inch long.

————————— ◆ —————————

Hay muchos tipos de peces grandes, pero ninguno es más grande que el tiburón ballena. Puede pesar mucho más de 21 toneladas y medir más de 41 pies (12.5 m) de largo. Estos enormes animales viven en aguas tropicales y se alimentan de crustáceos diminutos, como el kril y la larva de cangrejo.

Entre los peces más pequeños del mundo se encuentran varias especies de gobios. El que se muestra aquí se llama gobio de ojos rosados, por razones obvias. La mayoría de los gobios miden menos de una pulgada (2.5 cm) de largo.

Pink-eyed goby
Gobio de ojos rosados

Bee hummingbird
Colibrí zunzuncito

Hummingbird nest
Nido de colibrí

Ostrich
Avestruz

★ There is no question that the ostrich (AWE-stritch) is the largest in the bird family. These huge birds can grow to be nine feet tall. That's much taller than even the tallest basketball player.

Some people think these big birds bury their head in the ground to hide. The truth is, they lay their eggs in nests that they dig in the ground and poke their heads in to turn the eggs over several times a day.

The smallest birds are hummingbirds. The brightly colored bee hummingbird will usually lay one or two eggs at a time and each egg is smaller than a pea.

———————◆———————

Sin duda, el avestruz es el más grande en la familia de las aves. Estas aves enormes pueden crecer hasta los nueve pies (2.75 m) de estatura. De hecho, miden más que el jugador de básquetbol más alto.

Algunas personas piensan que estas aves grandes entierran sus cabezas para esconderse. La verdad es que ponen sus huevos en nidos cavados y meten la cabeza varias veces al día para darle vuelta a los huevos.

Las aves más pequeñas son los colibríes. El muy colorido colibrí zunzuncito suele poner uno o dos huevos a la vez, cada uno más pequeño que un chícharo.

35

● It has a face like a panda bear and a tail like a raccoon, but the red panda is not closely related to either one. Slightly larger than a domestic cat, red pandas live in trees in the Himalayas and other parts of China.

When it comes to sweet faces, the axolotl (AX-e-lot-el) is hard to beat. Just look at that smile! Most salamanders are born in water and morph into land creatures, but this critter stays in the water all its life. Because they are able to grow back lost limbs, these little cuties are often used by scientists for research.

◆

Tiene una cara como oso panda y una cola como mapache, pero el panda rojo no es pariente cercano de ninguno de los dos. Un poco más grande que un gato doméstico, los pandas rojos viven en los árboles del Himalaya y otras partes de China.

Cuando se trata de caras, es difícil encontrar una más linda que la del axolotl. ¡Mira esa sonrisa tan linda! La mayoría de las salamandras nacen en el agua y se transforman en criaturas terrestres, pero este animalito se queda en el agua de por vida. Ya que sus extremidades tienen la capacidad de volver a crecer, estas lindas criaturas se usan a menudo para investigaciones científicas.

Red panda
Panda rojo

Axolotl
Axolotl

★ The strange little mammal below is called a pink fairy armadillo. It is less than five inches long and is the smallest type of armadillo. Found only in Argentina, it spends most of its life underground. Like other armadillos, it has a flexible, segmented shell or carapace (CARE-a-pace) and can roll into a ball for protection. Those big claws are used to dig through the sandy plains and deserts where it lives.

———————◆———————

El extraño mamífero peludo y rosado que se muestra abajo es un pichiciego menor. Mide menos de cinco pulgadas (12.5 cm) y es la especie de armadillo más pequeña. Solo se encuentra en Argentina y pasa la mayoría de su vida bajo la tierra. Al igual que otras especies de armadillos, tiene un caparazón flexible y segmentado, y puede enrollarse como una bolita para protegerse. También tiene garras grandes que utiliza para excavar en las llanuras arenosas y desiertos en los que vive.

Use of photo courtesy of Earth.com.

Pink fairy armadillo
Pichiciego menor

Golden pheasant
Faisán dorado

Curly-crested aracari
Arasarí crespo

Some of the most vivid colors in the animal kingdom are found in birds.

The colorful Mandarin duck is native to China and Japan. Because these ducks stay with one partner for life, they are often considered a symbol of love.

The Luzon bleeding heart pigeon looks like it is bleeding from its chest. But don't worry, it's just the bird's natural coloring.

◆

Algunos de los colores más vivos del reino animal se encuentran en las aves.

El colorido pato mandarín es oriundo de China y Japón. Debido a que estos patos permanecen con su pareja de por vida, suelen considerarse un símbolo de amor.

La paloma apuñalada de Luzón parece sangrar por el pecho. Pero no te preocupes, es su coloración natural.

Mandarin duck
Pato mandarín

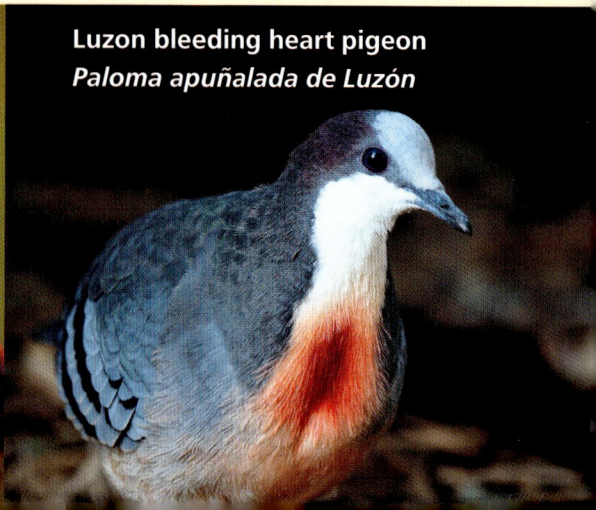

Luzon bleeding heart pigeon
Paloma apuñalada de Luzón

Secretary bird
Pájaro secretario

★ When it comes to glamour, the secretary bird wins, hands down. Check out those eyelashes and long legs!

This beautiful bird has one of the strongest and fastest kicks in the animal kingdom. This strong, fast kick comes in handy when hunting down their favorite prey—snakes.

———————◆———————

Cuando se trata de glamour, el pájaro secretario sin duda se lleva el premio. ¡Fíjate en esas pestañas y largas patas! Esta hermosa ave tiene una de las patadas más fuertes y veloces del reino animal. Su patada fuerte y veloz le resulta muy útil a la hora de cazar su presa favorita: las serpientes.

Snake being caught by secretary bird
Un pájaro secretario atrapa a una serpiente

Bald uakari
Uacarí calvo

Bald uakari (wa-KAR-ee) are friendly primates with hairless, red faces that allow their facial expressions to be seen more clearly than other primates.

What emotions do you see in these faces?

◆

El uacarí calvo es un primate dócil con caras rojas y sin pelo, lo que permite ver sus expresiones faciales con más claridad que las de otros primates.

¿Qué emociones ves en estas caras?

The incredible diversity of animals on Earth is awe inspiring. The animals presented in this book make up just a tiny percentage of the living species. There are so many more to be explored and discovered. The more we know, the better we can help to keep all their populations thriving.

———————————◆———————————

Es alucinante la increíble diversidad de animales en la Tierra. Los animales presentados en este libro solo representan un porcentaje minúsculo de todas las especies vivas. Quedan muchos más por explorar y descubrir. Cuanto más sepamos, mejor podremos contribuir a que sus poblaciones prosperen.

Glossary • *Glosario*

amphibian • *anfibio*

cold-blooded animals with backbones and no scales that live part of their lives in water and part on land

animales de sangre fría con espina dorsal y sin escamas que pasan una parte de sus vidas en el agua y otra en la tierra

crustaceans • *crustáceos*

the group of mostly water animals with a body made of segments, a tough outer shell, two pairs of antennae, and limbs that are jointed, such as crab, lobsters, and shrimp

grupo de animales principalmente acuáticos cuyos cuerpos están formados por segmentos, un caparazón resistente, dos pares de antenas y extremidades articulados, como los cangrejos, las langostas y los camarones

mollusks • *moluscos*

a kind of animal with a soft body and no backbone that usually lives in a shell, such as snails and clams

un tipo de animal de cuerpo blando y sin espina dorsal que suele vivir en una concha, como los caracoles y las almejas

primate • *primate*

any mammal of the group that includes lemurs, lorises, tarsiers, monkeys, apes, and humans

cualquier mamífero del grupo que incluye lémures, loris, tarseros, monos, simios y humanos

venom • *veneno*

poison produced by an animal and passed to a victim by biting or stinging

una sustancia tóxica producido por un animal y transmitido a una víctima a través de mordedura o picadura

Questions • *Preguntas*

Add to the benefits of reading this book by discussing answers to these questions. Also consider discussing a few of your own questions.

Aumente los beneficios de leer este libro al conversar sobre las respuestas de las siguientes preguntas. También podría formular sus propias preguntas y discutirlas.

1
There are many unusual animals in this book. Which one would you most like to see in the wild or in a zoo? What do you find interesting about that animal?

Hay muchos animales inusuales en este libro. ¿Cuál de ellos crees que te gustaría ver más en la naturaleza o en un zoológico? Para ti, ¿qué es lo más interesante sobre ese animal?

2
The environment affects the way animals evolve. What are some of the differences you might see in animals native to areas where it snows almost all year long and those animals native to hot jungles?

El ambiente afecta la manera en que evolucionan los animales. ¿Qué diferencias podrías notar entre los animales que provienen de lugares donde nieva casi todo el año en comparación con los que provienen de selvas cálidas?

3
Which animal in this book would you like to learn more about? How do you think you could learn more about it?

¿Qué animal de este libro te gustaría conocer mejor? ¿Cómo podrías aprender más sobre él?

4
Some people try to keep exotic wild animals as pets. Do you think that is a good idea? Why or why not?

Algunas personas tratan de tener animales exóticos salvajes como mascotas. ¿Crees que sea buena idea? ¿Por qué sí o por qué no?

If you liked **Very Strange Animals**, here are some other We Both Read® books you are sure to enjoy!

*Si les gustó **Animales muy extraños**, ¡seguramente disfrutarán de estos otros libros de We Both Read®!*

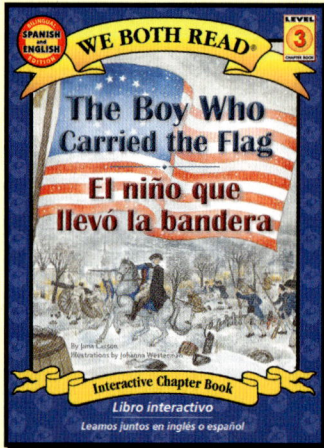

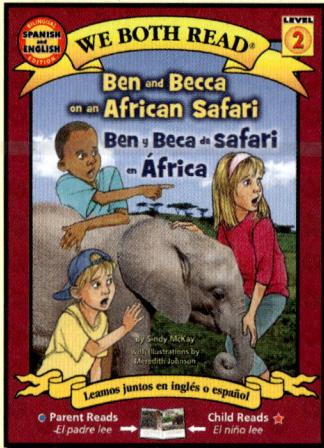

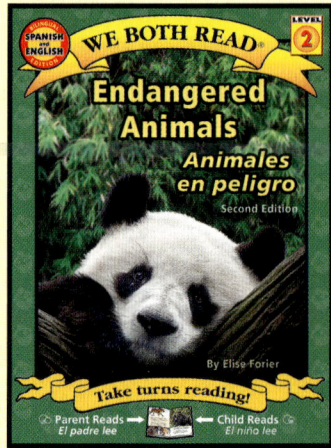

SPANISH and ENGLISH EDITION · WE BOTH READ® · LEVEL 3

The Boy Who Carried the Flag

El niño que llevó la bandera

By Jana Carson
Illustrations by Johanna Westerman

Interactive Chapter Book
Libro interactivo
Leamos juntos en inglés o español

SPANISH and ENGLISH EDITION · WE BOTH READ® · LEVEL 2

A DAY ON THE INTERNATIONAL **SPACE STATION**

UN DÍA EN LA **ESTACIÓN ESPACIAL** INTERNACIONAL

by Larry Swerdlove
Translated by Yanitzia Canetti

Take turns reading!
Parent's Page — *Página del padre* · Child's Page — *Página del niño*

SPANISH and ENGLISH EDITION · WE BOTH READ® · LEVEL 2

Ben and Becca **on an African Safari**

Ben y Beca **de safari en África**

By Sindy McKay
With Illustrations by Meredith Johnson

Leamos juntos en inglés o español
Parent Reads — *El padre lee* · Child Reads — *El niño lee*

SPANISH and ENGLISH EDITION · WE BOTH READ® · LEVEL 2

Endangered Animals

Animales en peligro
Second Edition

By Elise Forier

Take turns reading!
Parent Reads — *El padre lee* · Child Reads — *El niño lee*

You can see all the We Both Read books that are available at **WeBothRead.com**.

*Visita el siguiente sitio web para descubrir todos los libros disponibles de **WeBothRead.com**.*